Nicolas Feisst

Peter Stamm: "Agnes" - Lesetagebuch

GRIN Verlag

Bibliografische Information der Deutschen Nationalbibliothek:

Die Deutsche Bibliothek verzeichnet diese Publikation in der Deutschen National-
bibliografie; detaillierte bibliografische Daten sind im Internet über http://dnb.d-
nb.de/ abrufbar.

Impressum:

Copyright © 2011 GRIN Verlag GmbH
Druck und Bindung: Books on Demand GmbH, Norderstedt Germany
ISBN: 978-3-656-31135-5

Dieses Buch bei GRIN:

http://www.grin.com/de/e-book/197136/peter-stamm-agnes-lesetagebuch

GRIN - Your knowledge has value

Der GRIN Verlag publiziert seit 1998 wissenschaftliche Arbeiten von Studenten, Hochschullehrern und anderen Akademikern als eBook und gedrucktes Buch. Die Verlagswebsite www.grin.com ist die ideale Plattform zur Veröffentlichung von Hausarbeiten, Abschlussarbeiten, wissenschaftlichen Aufsätzen, Dissertationen und Fachbüchern.

Besuchen Sie uns im Internet:

http://www.grin.com/

http://www.facebook.com/grincom

http://www.twitter.com/grin_com

PETER STAMM

LESETAGEBUCH
Von Nico Feißt
Deutsch Jg. Ic

AGNES

ROMAN

Inhaltsverzeichnis

1

1. Personenregister

Agnes
−>siehe Charakteristik

- 25 Jahre alt
- wohnt in Chicago
- Raucherin
- zierlich, schlank, nicht sehr groß
- braune, schulterlange Haare
- blaue Augen
- Blick, als wolle sie Worte übermitteln
- ängstlich, ordentlich
- nur ihre Arbeit zählt (Physikerin)
- kaum soziale Kontakte
- fühlt sich von ihren Eltern nicht geliebt
- schwere Kindheit, die sich im Verhalten spiegelt
- Hobbys: Cello, Gedichte und Malerei
- strenge Ansichten
- unzufrieden mit sich selbst
- hat Angst vor dem Tod, macht sich Gedanken darüber
- war noch nie verliebt, bis der Ich-Erzähler in ihr Leben trat
- wird von ihm schwanger, verliert das Kind
- will eine Geschichte über sich, um Spuren zu hinterlassen nach ihrem Tod

2

Ich-Erzähler

- bedeutend älter als Agnes (könnte ihr Vater sein)
- aus der Schweiz, wohnhaft in Chicago
- Sachbuchautor
- Raucher
- in Chicago wegen Recherche über Luxuseisenbahnen
- führt ein eintöniges Leben
- verliebt sich in Agnes
- ist abhängig von Agnes
- hat viele gescheiterten Beziehungen hinter sich
- kennt niemanden in Chicago, außer später Agnes
- will kein Kind, dadurch zerstört er Agnes Vertrauen
- wird mit der Zeit besessen von seiner Geschichte über sie
- sieht in der Geschichte eine Chance, etwas sinnvolles zu schreiben
- betrügt Agnes mit Luise, die er aber nicht liebt

Herbert
- Freund von Agnes, lernten sich bei Diplomfeier kennen
- mit ihm hatte sie ihren ersten Kuss
- liebt Agnes noch immer, seine Gefühle werden aber nicht erwidert
- noch immer Briefkontakt mit Agnes
- Sie benutzt ihn, um Ich-Erzähler eifersüchtig zu machen
- will Schauspieler werden, schafft es aber nur zum Sprecher eines Shoppingcenters, wo er auf seinen Durchbruch hofft

Louise
- Französin
- wohnt seit 15 Jahren in Chicago bei ihren Eltern in einem Villenvorort
- mag amerikanische Frauen nicht
- gute Stellung bei Pullmann-Leasings
- dadurch Kontakt zu Ich-Erzähler
- kann ihm wichtige Kontakte für das Buch verschaffen
- lernt ihn an Halloween kennen, sie verstehen sich gut
- hat eine Affäre mit ihm unter der Voraussetzung, dass beide sich nur amüsieren
- sie verliebt sich jedoch am Ende in ihn
- mit ihr betrügt der Ich-Erzähler Agnes in der Silvesternacht

3

Agnes Eltern
- kein Kontakt mehr, höchstens einmal im Jahr
- Vater ist Pensionär
- Vater machte ihr nur Vorwürfe, liebte sie nicht
- liebte andere Kinder mehr, weinte sogar um das Nachbarskind nach dessen Tod
- Agnes war sicher, dass er um sie nicht geweint hätte
- nannte sie sogar Flittchen
- Mutter unterstützte in trotzdem
- machten Agnes Kindheit schwierig

Louises Eltern
- sehen im Ich-Erzähler den neuen Schwiegersohn
- wollen Agnes unter der Haube sehen
- Mutter findet Amerikaner unseriös und heiratete deshalb einen Franzosen

Verkäufer
- lächelt anzüglich
- macht Gesten, als ob er und der Ich-Erzähler ein Geheimnis hätten
- Agnes hat Angst vor ihm, da er anzügliche Gesten ihr gegenüber macht, nachdem sie bei dem Ich-Erzähler übernachtet hat

Margaret
- Name des Kindes der beiden in der Geschichte
- sie soll über den Verlust des 'realen' Kindes hinweghelfen
- kaufen ihr allerlei Sachen und behandeln sie wie ein Kind, obwohl sie nur in der Vorstellung existiert

Jennifer
- Name des Nachbarmädchens
- war mit Agnes bei den Pfadfindern
- starb Tod nach einem Unfall
- Agnes Vater mochte sie sehr, weinte um sie
- Agnes konnte sie nicht ausstehen, war eifersüchtig, weil Vater sie mehr liebte
- Agnes war nicht traurig über ihren Tod, nur froh nach Hause zu dürfen

4

Agnes Professor
- schätzt sie sehr
- hat ein gutes Verhältnis zu ihr
- leiht ihr sogar seine Videokamera, obwohl es sein Lieblingsspielzeug ist

Agnes Streicherfreundinnen
- neben dem Professor ihre einzigen sozialen Kontakte
- treffen sich einmal in der Woche um ein Quartett zu spielen
- rufen nach dem Verlust des Kindes bei dem Ich-Erzähler an, um ihn, ohne das Wissen von Agnes, darüber zu unterrichten
- bewirken so seine Rückkehr zu Agnes

2. Schauplätze

Wohnung des Ich-Erzählers

Die Wohnung des Erzählers ist im Roman nicht wirklich bedeutend. Sie liegt in einem Hochhaus im 27. Stock nahe des Doral Plazas in der Innenstadt von Chicago. Die einzige Person, die er in dem Haus kennt, ist der Verkäufer, der ihn immer anzüglich anlächelt. Es ist ein typisches Hochhaus in einer Großstadt, wo die Anonymität weitgehend gewahrt wird. In seiner Wohnung verbringt er seine erste Nacht mit Agnes, welche später auch bei ihm einzieht. Er hat dort einen Zugang zum Dach, wo er mit Agnes manchmal in die Sterne guckt. Lediglich einmal benutzt er den Aufzug nicht, da sie nachzählen will, ob er wirklich im 27. Stock wohnt. In der Silvesternacht kehrt der Ich-Erzähler betrunken von der Nacht mit Luise zurück und landet im 26. Stock. Dies Aspekte zeigen, dass die Wohnung für den Ich-Erzähler keine besondere Bedeutung hat, was auch verständlich ist hinter dem Hintergrund, dass er dort nur solange ist, wie er an seinem Buch schreiben muss. Als er in der Silvesternacht in seine Wohnung zurückkehrt, ist der PC noch an, doch Agnes ist weg.

5

Agnes Wohnung

Agnes Wohnung liegt in einer weniger schönen Gegend. Der Ich-Erzähler bezweifelt, dass es ihm dort gefallen würde, doch Agnes fühle sich dort wohl. Die Wohnung ist eher spärlich eingerichtet und es gibt kaum Bücher. An ihrem ersten Abend, wo er sie besucht, richtet sie alles schön her mit Blumen und Kerzen. Dinge, die andere stören würden, wie die Geräusche der Heizung, geben Agnes das Gefühl, nicht alleine zu sein. Nach dem Verlust des Kindes und der Trennung zieht sie sich in ihrer Wohnung zurück, da sie sich, anders als der Ich-Erzähler, in ihrer Wohnung wohlfühlt. Die Wohnung ist im Prinzip der einzige Ort, wo sie keine Angst hat, deshalb dauert es auch lange, bis sie den Ich-Erzähler einlädt, um ihm die Röntgenbilder der Kristallgitter zu zeigen.

Chicago Public Library

Der Ich-Erzähler und Agnes sind beide täglich in der Bibliothek, um für ihre Arbeiten zu recherchieren. Auf der Treppe vor dem Gebäude lernen sie sich bei einer Zigarette auch eines Tages kennen, nachdem sie sich bereits im Lesesaal gegenüber gesessen waren. Agnes sucht Material über die Symmetrie der Symmetriegruppen der Kristallgitter, der Ich-Erzähler über Luxuseisenbahnen.

Hoosier National Forest

Am Columbus Day unternehmen die beiden einen Ausflug in den Hoosier National Forest. Dies ist ein Nationalpark, wo die beiden die Momente des Alleinseins in der Natur genießen und sehr glücklich sind. Agnes sagt, dass sie immer Angst gehabt habe, in der Natur unterzugehen, doch an jenem Ort sei dies nicht der Fall. Sie dreht ein Video über den Ausflug der beiden, was sich der Ich-Erzähler oft anschaut nachdem sie ihn verlassen hatte. Hier fällt Agnes auch in Ohnmacht, was die ersten Anzeichen ihrer Schwangerschaft sind und übernachten im Zelt, wobei sie der Natur ganz nah sind. Dort finden sie auch eine verlassene Hütte vor und einen Friedhof, und Agnes stellt sich vor, wie es wäre wenn der Winter hier einträfe und sie alleine dort wären ohne Zivilisation. ,,Es heißt, zu erfrieren sei ein schöner Tod" (S. 78), eines der Schlüsselzitate, fällt in diesem Zusammenhang. Während des Besuchs im Nationalpark sind beide, trotz des Ohnmacht-Anfalls, unbeschreiblich glücklich und können so ihrem Alltag entfliehen.

Wälder von Chicago

Der Wald kommt in dem Roman des Öfteren vor. Hier merkt der Ich-Erzähler das erste Mal, wie abhängig er von Agnes ist und wie tief seine Gefühle für sie sind. Bei den Wanderungen dort können sie Zeit für sich haben und genießen diese auch. Im Gegensatz hierzu stehen die Wälder, durch ihre Größe und ihre gleichmäßige Anordnung, noch für etwas anderes, denn Agnes hat Angst, sich in den Wäldern eines Tages zu verlaufen und nicht mehr gefunden zu werden. Zum Ende der Geschichte von Agnes wird dies allerdings wieder gegensätzlich angeführt, als läge sie dort gerne im Schnee zwischen den Wäldern, um dort zu erfrieren. Im realen Leben Agnes bleibt ihr Ende offen.

6

Balkon an Halloween

An Halloween besucht der Ich-Erzähler die Feier der Amtrak-Gesellschaft, da er Halloween nicht ausstehen kann und nicht mit Agnes und ihren Freundinnen verkleidet auf einen Umzug möchte. Dies nimmt ihm Agnes übel, doch er beruhigt sie, da ihm dies Kontakte für sein Sachbuch verschaffen könnte. Auf dem Balkon lernt er die Französin Louise kennen, die bei Pullman tätig ist und über amerikanische Frauen herzieht, doch der Ich-Erzähler nimmt diese wegen Agnes in Schutz. Trotzdem tauscht er dort mit Louise private Nummern aus, da es ein gutes Gespräch war und er sich nebenbei Kontakte für sein Sachbuch erhofft.

Ufer des Lake Michigan

Hier gehen sie öfters spazieren, und während einem der Spaziergänge kam ihnen auch die Idee, die Geschichte über Agnes zu schreiben.

3. Charakteristik Agnes

Agnes ist die Protagonistin im gleichnamigen Roman. Sie ist eine 25 Jahre alte Amerikanerin und lebt seit ihrer Kindheit in Chicago, wo sie alleine ein Studio in einem Außenviertel der Stadt bewohnt. Ihr Aussehen ist eher schlicht, ihr bleiches, zumeist ungeschminktes Gesicht unterstützt neben ihrem schlanken, zierlichen Körperbau das Bild des unscheinbaren Mädchens von nebenan. Ihr dichtes, braunes Haar trägt sie schulterlang. Im Gegensatz hierzu stehen ihre Augen, die einen gewissen Glanz und dadurch bedingt eine besondere Wirkung auf andere Menschen haben. Auch den Ich-Erzähler hat dies sofort beeindruckt: ,,[...] ihr Blick war außergewöhnlich, als könne sie mit den Augen Worte übermitteln." (S.14)

Beruflich gesehen steht sie mitten im Leben, neben ihrer Teilzeit-Assistentenstelle am Mathematischen Institut der Chicago University schreibt sie ihre Dissertation über die Symmetrie der Symmetriegruppen von Kristallgittern. Im Prinzip besteht ihr Leben nur aus ihrer Arbeit. Daneben interessiert sie sich nur für ihr Cello, Malerei und Gedichte.

Von ihrem Professor wird sie sehr geschätzt, er leiht ihr sogar seine Kamera aus als sie den Ausflug in den Nationalpark machen. ,,Ich bin kein sehr sozialer Mensch" (S.20), sagt sie über sich selbst, und dies bestätigt sich auch, da sie außer drei Freundinnen, die sie jede Woche zum Musizieren traf, keine sozialen Kontakte pflegt. Zu ihren Eltern hat sie ebenfalls kaum noch Kontakt. Der Ich-Erzähler, also der Schriftsteller, ist der erste Mensch, mit dem sie wirklich eine Beziehung eingeht, ansonsten war sie noch nie verliebt.

Ihre Verhaltensweise ist ebenfalls sehr speziell. ,,[...] in allem, was Agnes sagte, [lag] ein seltsamer Ernst, ihre Ansichten waren streng." Sie beugt sich den Regeln und Gesetzen und den Ich-Erzähler erstaunt es immer wieder, dass sie zum Beispiel nur bei *Walk* die Straßen überquere und immer den Fußgängerstreifen benutze (S.19). Desweiteren lässt sich, wenn man das Verhalten von Agnes genauer betrachtet, Ansätze eines Ordnungswahns vermuten, denn in ihrer Wohnung zum Beispiel ist alles beschriftet und fein säuberlich eingeräumt (S.112). Unbewusst hat Agnes viele Rituale und Macken, so rückt sie immer das Besteck zurecht, nachdem der Kellner gedeckt hat, oder balanciert den Teller mit den Zeigefingern, bis sie einen Schwerpunkt gefunden hat. Neben diesen Eigenarten, muss man noch hinzufügen, dass Agnes Berührungsängste hat: ,,Sie berührte nie fremde Menschen und vermied es, von ihnen berührt zu werden." (S.62). Dagegen berührt sie Gegenstände unentwegt und riecht ab und an auch an ihnen, was sie jedoch, wenn der Ich-Erzähler sie darauf anspricht, vehement verneint.

Ihre allgemeine Verunsicherung lässt sich auch an ihrer Sprache und Kommunikationsweise belegen. So spricht sie sehr hastig und man kann feststellen, dass sie nicht viele soziale Kontakte hat, denn sie wechselt häufig die Themen oder wirft Weisheiten und belanglose Fragen mitten in ein Gespräch hinein. Sie ist ein sehr gebildeter und kluger Mensch, trotzdem stellt sie ständig Fragen, die fast von einem Kind, welches mehr über das Leben erfahren möchte, stammen könnten. Im Gegensatz hierzu stellt sie aber auch Lebensweisheiten auf, die von einem Hundertjährigen nicht besser formuliert werden könnten: „Glück malt man mit Punkten, Unglück mit Strichen. Du mußt, wenn du unser Glück beschreiben willst, ganz viele kleine Punkte machen wie Seurat. Und dass es Glück war, wird man erst aus der Distanz sehen." Weiterhin beziehen sich ihre Aussagen stets auf Tatsachen, der Konjunktiv interessiert sie überhaupt nicht. Als der Ich-Erzähler beispielsweise sagt, dass er ihr Vater sein könne, entgegnet sie mit den Worten, dass er es aber nicht sei (S.26). Dies ändert sich im Verlauf des Romans, denn ab Beginn der vom Ich-Erzähler verfassten Geschichte gibt sie eben dieses tatsachengebundene Denken auf und begibt sich quasi in eine von Determinierung geprägte Welt, denn alles, was der Ich-Erzähler schreibt, wird zumindest zum Großteil von ihr ausgeführt und ist somit vorbestimmt.

Ihr Seelenleben ist von ihrer nicht gerade leichten Kindheit geprägt. Unmittelbar nach der Pension ihres Vater zogen ihre Eltern nach Florida um, was für Agnes nicht leicht war, da sie sich von ihnen im Stich gelassen fühlte und noch immer fühlt. Prinzipiell redet sie nicht von ihrer Kindheit, doch in Momenten, wo sie sich besonders wohlfühlt, spricht sie mit ihrem Lebensgefährten, also dem Ich-Erzähler darüber. So erzählt sie von einer Anekdote, wo bei den Pfadfindern, bei denen sie als kleines Mädchen war, eine Nachbarin starb. Der Vater mochte dieses Mädchen sehr und weinte um sie, und so hatte Agnes das Gefühl, nichts wert zu sein, zumal er ihr noch Vorwürfe machte. Danach war Agnes der Ansicht, dass ihr Vater um sie wohl nicht geweint hätte. Neben dem gestörten Verhältnis zum Vater war auch die Beziehung zur Mutter nicht allzu gut, denn ihre Mutter bejahte und unterstützte das Verhalten ihres Mannes eher, als Agnes beizustehen. Im Zusammenhang mit dieser Episode aus ihrer Kindheit macht Agnes erstmals Erfahrungen mit dem Tod, der sie eigentlich ständig beschäftigt. Exemplarisch dafür, dass die Angst vor dem Tod ihr ständiger Begleiter ist, ist die Szene, als Agnes, nach der ersten Nacht bei dem Ich-Erzähler, ihn fragt, ob er an ein Leben nach dem Tod glaube (S. 26) und ihm auch später schildert, dass sie Angst habe, vor dem, was nach dem Leben auf sie warte und was wäre, wenn sie nicht mehr auf der Welt sein würde.

Nach der Nachricht der Schwangerschaft ist Agnes wie ausgewechselt und bricht den Kontakt zum Ich-Erzähler, nach dessen Reaktion, ab. Als er dann nach dem Verlust des Kindes dann wieder bei Agnes auf der Matte steht, scheint sie den beiden noch eine Chance zu geben, doch in ihrer Seele ist durch den Verlust des Kindes zu viel kaputt gegangen.

8

In einer Diskussion der beiden hebt Agnes auch hervor, dass er zurückgekommen sei (S.128), denn vermutlich habe sie schon mit ihm abgeschlossen gehabt. Nach dem Verlust des Kindes ist sie so mit sich selbst beschäftigt, dass sie oft gleichgültig reagiert und sich selbst Vorwürfe macht: ,,Wenn es keinen Tod mehr gibt, gibt es auch kein Leben mehr" (S. 131). Hiermit will sie dem Ich-Erzähler erklären, dass durch den Tod des Babys in ihr auch ihr Leben nicht mehr lebenswürdig sein könne. Auf andere Menschen wirkt Agnes häufig kühl, distanziert, prüde und manchmal auch etwas arrogant. Doch wer hinter die Fassade blickt erkennt das eingeschüchterte Mädchen. Dies gelingt jedoch nur dem Sachbuchautor, der von der Wirkung ihrer Augen anfangs so gefangen ist, dass er sie nicht mehr vergessen kann.

Agnes Leben und Verhaltensweise basiert vollständig auf ihrer Kindheit und der nicht gelungenen Beziehung zu ihren Eltern. Dadurch hat sie kaum Selbstvertrauen und Ängste, anderen Menschen offen gegenüberzutreten. Durch dieses nichtvorhandene Vertrauen anderen Personen gegenüber kommt sie auch zu ihren Ansichten, dass sie kein sozialer Mensch sei und steht sich somit selbst im Weg. Als sie dann doch, wie bei dem Ich-Erzähler, sich öffnet und eine Beziehung mit ihm anfängt, merkt sie wie schön soziale Kontakte oder Liebe sein können. Auch ihre anderen Ansichten lassen sich gut nachvollziehen, denn aufgrund der Tatsache, dass früher nie jemand zu ihr gesagt habe, dass sie etwas gutes getan habe, will sie der Nachwelt etwas schaffen. Dies erkennt man daran, dass sie sagt, dass es sie freuen würde, wenn jemand später den Namen auf ihrer Dissertation lesen würde.

9

Aber auch die kleinen Momente, wo sie feststellt, dass ihr Partner sie beobachtet, genießt sie, da sie hier vermutlich eine nie zuvor da gewesene Selbstbestätigung empfindet. Auch die Geschichte, die über sie entsteht, hat ihre Wurzeln in ihrer Vergangenheit und ihrem kaum vorhandenen Selbstwertgefühl. Sie will, dass die Geschichte ein echtes Porträt von ihr sei, da Fotos sie nicht so repräsentieren würden, wie sie wirklich sei (S.48). Dies könnte zum einen mit den Selbstzweifeln zu tun haben, dass sie auf Fotos nicht gut aussähe aber zum anderen auch wieder mit der Angst, das nach ihrem Tod auf der Welt nichts Bleibendes von ihr wäre.

Mit der Geschichte verlässt sie ihre analytische und auf Tatsachen beruhende Denkweise, die auch ein Schutz vor Enttäuschungen und Vertrauensbrüchen sein könnte, völlig und lässt dem Ich-Erzähler quasi freie Hand, über ihr Leben zu bestimmen, vor allem ab dem Zeitpunkt wo er dann in die Zukunft hinausblickt. Deshalb kann man hieran gut erkennen, wie sehr sie den Ich-Erzähler liebt und wie froh sie ist, einen Menschen in ihrem Leben gefunden zu haben. Umso größer ist dann natürlich ihre Enttäuschung nach der Reaktion des Erzählers über die bevorstehende Schwangerschaft. Hier fällt sie in die alten Muster zurück, wenn nicht sogar noch stärker als zuvor, und isoliert sich, bis auf die Streicherfreundinnen, völlig von der Gesellschaft. Sie kann dem Ich-Erzähler nicht mehr vertrauen und möchte die Beziehung beenden und den Kontakt abbrechen, da ihre Meinung über Menschen im Prinzip nur wieder bestätigt wurde durch den Vertrauensbruch.

Nachdem der Sachbuchautor dann wieder zurückkehrt zu ihr, ist sie verändert und möchte und kann dieses Vertrauen und die Nähe nicht mehr zulassen. Als sie dann wieder mit ihm schläft, sagt sie, es sei ein Geschenk. Hieran kann man die Distanz auch erkennen, ebenso wie an der Tatsache, dass sie die Badtür immer abschloss. Während der Beziehung hatte sie keine Ängste mehr diesbezüglich und schloss nicht ab, nachdem Bruch allerdings verfiel sie wieder den alten Angewohnheiten.

Ein weiteres wichtiges Merkmal Agnes ist, dass sie ihre Gefühle oft unterdrückt und mit einer aufgesetzten Gleichgültigkeit ihr Gegenüber behandelt, auch wenn sie tief in ihrem Inneren tief gekränkt ist. So antwortet sie, nachdem der Ich-Erzähler ihr sagt, dass er zu seiner ehemaligen Geliebten zur Silvesterfeier geht, nur trocken mit den Worten: ,,Wir sind ja nicht verheiratet." (S.141) In Wahrheit ist dies aber dann schlussendlich der Tropfen, der das Fass zum überlaufen bringt, da Agnes danach verschwindet.

Für ihr Verhalten und ihre Verwandlung kann man auch die Kälte oder das Dach der Wohnung als Assoziation nehmen. Jedes Mal, wenn sie mit dem Ich-Erzähler auf dem Dach war, ist sie danach erkältet, ebenso ist sie immer, wenn sie Menschen vertraut hat, danach gekränkt worden. Interpretiert man den Schluss so, dass Agnes wirklich durch die Geschichte auch im realen Leben gestorben ist, kann man erstens vermuten, dass die Gesellschaft, also in diesem Sinne das Verhalten und der Egoismus des Ich-Erzählers, sie schlussendlich umbringt. Assoziativ hierzu steht ihr Tod in der Kälte. Die Gesellschaft, also die Kälte, hat sie sozusagen immer öfters geschwächt, bis sie schlussendlich kraftlos das Leben beendete. Im Umkehrschluss kann man sagen, dass wenn sie nicht auf die Beziehung eingelassen und einfach weiter alleine gelebt hätte, wäre sie nicht so oft enttäuscht worden und am Schluss auch nicht so verzweifelt gewesen, dass sie keinen anderen Ausweg mehr sah.

10

Zusammenfassend kann man sagen, dass Agnes ein sehr verunsicherter Mensch ist, der, nachdem sie ihr Kindheitstrauma fast bewältigt hat und wieder jemandem Vertrauen kann, nur abermals enttäuscht wird und dadurch, an den Menschen und den anderen einspielenden Faktoren wie dem Verlust des Kindes, zugrunde geht. Sie ist einfach kein Mensch, der für soziale Kontakte geschaffen ist. Die Rolle der Agnes wird von Peter Stamm literarisch auch sehr gut umgesetzt, denn obwohl die Geschichte aus der Sicht des Mannes, also des Ich-Erzählers erzählt wird, weiß man am Ende mehr über die Gefühlswelt und das Verhalten Agnes, als über ihn selbst, denn der Fokus liegt auf Agnes. Auch die Umwelteinflüsse spiegeln die Gefühlswelt Agnes wieder.

4. Zeitungsbericht

→ zu Kapitel sieben

Schweizer Sachbuchautor entlarvt Heiratsschwindler

Chicago/New York. Einem Schweizer Sachbuchautor gelang es gestern Abend, einen Heiratsschwindler aus Algerien zu entlarven. Der Mann, der von Berufswegen her mit der Eisenbahn fuhr, kam dort ins Gespräch mit einer Dame, die ihm von einer Bekanntschaft, die über eine Organisation hergestellt wurde, erzählte. „Bereits dort erschien mir dies seltsam, also bin ich der Sache auf den Grund gegangen", erzählte uns der Eidgenosse im Gespräch. „Sie erzählte mir von Briefen, die er schrieb, und dass er sie heiraten wolle. Die Dame war natürlich hin und weg, zumal es ihre erste große Liebe war, jedoch ohne in zu kennen." Das der Sachbuchautor, der an einem Buch über Luxuseisenbahnen schreibt, der Dame ins Gewissen redete, war von großer Bedeutung, denn der Täter, ein Algerier, benutzte diese Masche schon des Öfteren. Dieser nutzte immer seine Organisation, um in Kontakt zu treten, um den Damen dann Komplimente zu machen. So sollten diese vor dem Treffen hohe Geldbeträge überweisen, damit dieser das Hotel buchen könne. Häufig gab es auch andere Komplikationen, für die dem Täter Geld überwiesen werden sollten. Bei der Ankunft sei dann aber niemand vor Ort gewesen. „Da war mir dann klar, dass ich der Frau helfen muss, und so gingen wir zur nächsten Polizeiwache.", so der Schweizer gegenüber der New York Times. Die Polizei konnte mithilfe von Computerdaten den Schwindel aufdecken und mit ihm größere Mengen an Bargeld. Da es sich wohl um strukturierte Kriminalität handelte, hofft die Polizei, dass sich Frauen, die ebenfalls hohe Geldbeträge an unbekannte überwiesen haben, sich unter der nachstehenden Nummer beim Polizeirevier New York melden.

11

5. Dialog

<u>Der Ich-Erzähler spaziert am See und setzt sich in das Café am Ende des Parks, als er mich trifft. Er ist wie in einer anderen Welt und erzählt mir, wie ein Besessener von seiner Idee des neuen Schlusses (Kapitel 30).</u>

E: Ich weiß nichts über das Kind das Agnes verloren hat. Für mich war es immer nur eine fiktive Figur in meiner Geschichte, dabei weiß ich nicht einmal, ob es ein Junge oder ein Mädchen gewesen wäre. Als ich gegangen bin, hat sie schon wieder deshalb geweint und ich fragte sie, ob sie noch immer daran denke.

I: Du bist ja ein wirklich einfühlsamer Mensch. Kannst du dir nicht vorstellen, wie es für eine Frau ist, wenn etwas Lebendiges in ihr stirbt? Ich glaube kein Mann kann sich das vorstellen. Aber das wird vermutlich noch lange Zeit dauern bis sie das verkraftet hat, ich könnte mir sogar vorstellen das sie dieser Vorfall niemals vollständig loslassen wird. Und wenn du dann immer mit der Geschichte ankommst - sie hat andere Probleme momentan.

12

E: Aber die Geschichte ist das einzige Werk, was einen tieferen Sinn hat, etwas wirklich Lyrisches von mir. Wen interessieren schon Sachbücher über Luxuseisenbahnen? Ein Mann in meinem Alter muss auch einmal etwas Interessantes zustande bringen und nicht immer nur so langweilig sein.

I: Du sagtest doch immer, du möchtest nichts für deine Nachwelt hinterlassen? Ein Mann ist auch dann ein Mann, wenn er keine Heldentaten vollbringt sondern für seine Freundin da ist, wenn sie ihn braucht. Wenn du das Ende dramatisch schreibst und sie erfährt es irgendwann, kannst du dir die Konsequenzen denn nicht ausmalen?

E: Der Schluss brennt aber nur so in meinen Fingern. Ich habe das perfekte Ende vor mir, auch wenn es mir noch unklar ist, wie ich es auf Papier bringen soll. Es soll auch nicht für die Nachwelt sein, sondern für mich. Wann habe ich etwas geschaffen, was einen Sinn hat?

I: Egoismus scheint dir kein geläufiger Begriff zu sein? Wo ist das Problem dabei die Geschichte beruhen zu lassen? Oder einfach ein Happy End zu schreiben? Du wünschst dir doch im echten Leben auch ein Happy End.

E: Happy Ends sind etwas für Bollywood. Ich will etwas Tiefsinniges schreiben, dass die Menschen zum Nachdenken bringen wird. Agnes als Figur und meine Agnes sind etwas Grundverschiedenes. Wenn ich die Figur Agnes an Silvester alleine lasse und zu Louise ginge, und Agnes es erfahren würde, das wäre ein wirklich gutes Ende.

I: Und wie stellst du dir dann die Reaktion vor? Stell dir nur vor wie entsetzt die Menschen über deinen Egoismus und dein Verhalten wären. Deine Freundin hat ihr Kind verloren. Ich bin mir nicht sicher ob du Fiktion und Realität unterscheiden kannst. Du solltest es beruhen lassen glaub mir damit würdest du dir einen größeren Gefallen machen.

E: *[flüsternd]* Agnes zerbricht an der Gesellschaft und bahnt sich ihren Weg in der Kälte. Ich möchte doch kein Kinderbuch schreiben, es soll schon ein Schaudern erwecken, wie Aristoteles bereits sagte. Außerdem sagte sie selbst Erfrieren wäre ein schöner Tod.

13

I: Was ist nur aus dir geworden? Du bist ja gar nicht mehr du selbst, du warst mir sympathischer als du mit deinen Eisenbahnen beschäftigt warst. Sie sagte das in echt, und du überträgst es auf die Geschichte. Merkst du wie verwirrt du bist?

E: Ich werde jetzt gehen, du bist bestimmt nur neidisch das ich auch etwas Gutes schreibe. Ich werde den Schluss überarbeiten, sodass er ein tragisches Ende nimmt.

I: Du bist wahnsinnig geworden. Dein Leben könnte ohne deinen Egoismus und deine Geschichte so schön sein. Agnes wollte dies ursprünglich als Porträt, du weißt nicht wie sie reagieren wird.

E: Sie wird es schon nicht sehen, ich werde nach Hause gehen und schreiben.

6. Tagebucheintrag

Liebes Tagebuch,

heute hatte ich eine merkwürdige Begegnung in der Bibliothek. Eine Frau setzte sich im Lesesaal mir gegenüber. Als ich kurz aufsah, trafen sich unsere Blicke. Es war ein merkwürdiges Gefühl. Ich konnte mich nicht mehr auf meine Arbeit konzentrieren, dabei las ich gerade eine spannende Rede eines Politikers zum Pullman-Streik. Sie war schlank, nicht gerade groß, und hatte dunkles, schulterlanges Haar, was ihr bleiches, ungeschminktes Gesicht unterstrich. Eigentlich ein typisches Mädchen von nebenan, was mich nicht weiter interessieren sollte, aber ihre Augen - ich kann noch immer nicht fassen was mit mir geschehen ist. Als wollte sie mir mit ihrem Blick etwas übermitteln. Ihre blauen Augen hatten die Farbe und die Tiefe eines Ozeans. Es war, als wäre ich nicht mehr ich selbst. Ständig musste ich zu ihr schauen, und ich bin mir sicher, dass sie meine Blicke bemerkte. Als sie aufstand, ließ sie ihre Sachen liegen, und ich folgte ihr. Hätte mein Verstand noch richtig funktioniert, hätte ich mich wohl komisch gefühlt. Aber mein Interesse an dieser Frau war plötzlich unvorstellbar groß. Sie ging mir nicht aus dem Kopf, dabei wusste ich nichts über sie. Nachdem ich rausgegangen war, rauchte ich, in der Hoffnung, wieder klarer denken zu können. Als ich draußen saß, beschloss ich, nach Hause zu gehen, da es aussichtslos schien, weiterzuarbeiten, solang diese Frau in der Bibliothek war.

14

Doch es kam anders. In dem Moment kam sie um die Ecke, mit Kaffee in der Hand. Sie wirkte zerstreut und suchte wohl ihr Feuerzeug. Ich war schneller, und fragte sie, ob sie Feuer brauche, was sie auch bejahte. Als sie mich anschaute, fiel mir dieses geheimnisvolle, unverständliche in ihrem Blick abermals auf. Wir redeten über belanglose Dinge und sie sagte, sie heiße Agnes. Sie werde morgen wieder da sein, und sie lächelte mich sogar an. Vielleicht lerne ich in dieser Stadt ja auch mal jemanden kennen, ich kann ja nicht immer alleine sein. Doch diese Agnes hatte etwas mysteriöses. Nein, nicht nur ihr Name war seltsam, auch ihr Verhalten. Sie lächelte kaum und war bleich, trotzdem hatte sie eine Ausstrahlung die mich in ihren Bann zog. Ich denke, ich werde morgen früher als sonst hingehen, wenn sie dann kommt, kann ich sowieso nicht mehr arbeiten. Vielleicht könnte ja mehr aus unserer Begegnung entstehen, vielleicht möchte sie ja mit mir ausgehen. Ich werde die Sache behutsam angehen. Wie gerne hätte ich einen Menschen zum reden, in dieser Stadt ist ja nichts los. Außerdem schien sie mir nett, in meinem Alter kann man ja ruhig über so etwas nachdenken. Mein Leben ist ja öde genug, vielleicht kann sie ja die Frau sein, die mich wieder lebenslustiger macht, damit ich nicht nur in der Bibliothek sitze. Ich mache mir wohl zu viele Gedanken über etwas, was noch gar nicht existiert. Drück mir die Daumen, liebes Tagebuch, dass ich sie morgen wieder treffe.

Bis morgen!

15

7. Alternatives Ende

→Einstieg bei Kapitel 35

Als ich die Wohnung betrat, hörte ich nur das Summen des Computers. Ich sah nach, ob Agnes im Bett lag, doch sie war nicht da. Auch auf dem Sofa war sie nicht. Also ging ich an den Computer und stellte fest, das meine Datei „Schluss2" geöffnet war. Agnes musste sie gelesen haben. Die zweite Fassung des Schlusses war nicht wie die Realität. Dort sieht mich Agnes mit Louise und deckt den Seitensprung auf, anschließend verirrt sie sich in den Wäldern und erfriert dort. Sie hätte es nie lesen dürfen. Mein Blick schwenkte von dem Bildschirm zur Tastatur, die unverändert da stand. Das Bild in der Ecke, welches wir am Columbus Day gemacht hatten, stand ebenfalls unverändert da. Als ich mich umdrehte, fiel mir auf, dass ein Ausdruck im Drucker war. Mehrere Seiten, fast so viele, wie für ein Skript benötigt werden. Ich nahm die Blätter in die Hand. Die Tinte war noch frisch und verschmierte auf dem Blatt, als ich mit meinen Fingerkuppen über die Überschrift fuhr. „Der Schluss", stand dort in großen Lettern geschrieben. Ich las. Es war eine gute Geschichte. Mindestens zehnmal so gut. Sofort wurde mir klar, was das bedeuten würde. Agnes hatte sie geschrieben, um unsere

Geschichte zu beenden. Es war ihre Fassung der Geschichte, und sie führte mir alles gnadenlos vor Augen:

> *Ich liege im Bett und bin krank, doch er kümmert sich nicht um mich. Ich bin*
> *ihm egal, er interessiert sich nicht mehr für mich. Ich spüre diese Leere,*
> *diesen Schmerz, diese Wut. Er sagte, dass er mich liebe. Doch er ist nicht da.*
> *Er ist bei ihr. Er versteht die Realität nicht mehr. Eine Geschichte soll mich*
> *umbringen. Ich soll erfrieren. Was für ein Mensch ist das. Setzt ein Kind in*
> *die Welt, um es sterben zu lassen. Wenn er wüsste, warum das Baby starb.*
> *Aber Hauptsache seine Geschichte ist tragisch. Als ob es nicht schon tragisch*
> *genug wäre. Ich werde gehen. Weit weg, wo mich niemand kennt. Ein Leben*
> *ohne andere Menschen, wie ich es früher geführt habe. Ohne Menschen, ohne*
> *Egoismen, ohne Lügen, ohne Schmerz, ohne Trauer, ohne Enttäuschungen.*
> *Ich hatte Angst vor dem Tod. In mir starb nicht nur mein Baby. In mir starb*
> *auch die Hoffnung. Wenn es keinen Tod gibt, gibt es auch kein Leben.*
> *Vielleicht bringt mir der Tod das Leben zurück. Ich will zu meinem Baby.*

16

Ich begriff nicht, ich konnte keinen klaren Gedanken mehr fassen. Ihre Geschichte drang tiefer als alles andere in mich hinein. Eine Ohnmacht überkam mich, und ich wusste nicht, wo ich hinlaufen solle. Mir wurde klar, was ich mit meiner Geschichte verursacht hatte, und was für ein Mensch ich wirklich war. Ich war ein Unmensch und sah das Baby als Objekt an. Dieses Bewusstsein ließ mich erstarren und es schien, als würde mir der Boden unter den Füßen weggezogen. Ich verließ das Zimmer, stieg in den Aufzug und die Tür ging zu. Im obersten Stockwerk ging ich die Treppe nach oben und öffnete die Tür zum Dach. Noch einmal erblickte ich die Sternbilder, die Agnes mir gezeigt hatte. Sie hatte mich mit meinen eigenen Waffen geschlagen. Meine Knie zitterten, die Geschichte hatte mich so schwach gemacht, dass es mir schwer fiel, mich auf den Beinen zu halten. Ich lief auf das Ende des Daches zu. Noch zwei Schritte, doch in mir gab es keine Regung stehenzubleiben. Als ich nach unten schaute, legte ich den Stift vor mir nieder. Ich war entschlossen es zu tun. Meine Geschichte und mein Wahnsinn hatten zwei Menschenleben gekostet. So kann ich nicht leben. Ich stehe jetzt am Abgrund, vor mir viele kleine Lichter. Es ist wie mit der Symmetrie der Symmetriegruppen der Kristallgitter. In der Mitte ist nichts. Ich bin ein Nichts. Ich lege meinen Block und meinen Stift nieder und...

8. Bewertung des Buches

Das Buch hat mir sehr gut gefallen, da es sehr viele Facetten des wahren Lebens aufgreift und man sich oft selbst erkennt in den Büchern. Die detailreiche und genaue Beschreibung mit den kurzen, klaren Sätzen, gibt dem Leser ein Gefühl der Authentizität. Gerade durch die lebensnahen Themen erzeugt das Buch ein gewisses Schaudern und zieht den Leser so in seinen Bann, da dieser sich Gedanken macht, wie es bei ihm sein könnte. Wie Agnes gibt es viele Leute, die nicht gerade vor Selbstvertrauen strotzen aufgrund einer unglücklichen Kindheit. Diesen Menschen fällt es schwer, jemandem zu vertrauen und falls es ihnen doch einmal gelingt, ist dies ein großer Schritt. Wird dieses Vertrauen dann ausgenutzt oder es kommen noch andere negative Einflüsse hinzu, kann dies denjenigen jeglichen Glauben an das Leben verlieren lassen. Gerade aufgrund solcher tiefsinniger Ansätze in dem Roman gefällt er mir sehr gut, da man sich leicht damit identifizieren und gut in die Rolle der Personen hineinversetzen kann. Desweiteren handelt das Buch ja auch um das Leben nach dem Tod, dem Gelingen der Liebe oder der Suche nach dem Glück. Dies wird jedoch nicht auf einer philosophisch komplexen Ebene vermittelt, sondern eher unterbewusst und mit einer schlichten Sprache, sodass es auch nur derjenige verstehen kann, der sich Gedanken über das Buch macht. Deshalb ist das Buch für jede Altersklasse geeignet, denn jeder macht sich Gedanken, wie er leben will und wie er mit den Schicksalsschlägen in seiner Vergangenheit am besten umgehen kann. Aber auch die kurzen Episoden des Zeltens im Nationalpark lassen den Leser zum Denken anregen, denn frei von jeder Natur kann man bestimmt glücklich sein, wie es auch im Buch deutlich wird. Es ist einfach ein sehr gelungener Roman, der leicht und schnell zu lesen ist, aber trotzdem eine große Wirkung auf den Leser hat.

Ein minimaler Kritikpunkt ist lediglich der Anfang der Geschichte, da er sehr forsch ist und anfangs vom Lesen abhalten kann. Auch mich persönlich hat er lange gehindert anzufangen, denn ich will kein Buch lesen, wo ich den Schluss schon kenne. Doch als ich dann angefangen habe zu lesen, konnte ich den Roman nicht mehr aus der Hand legen. Ein weiterer Kritikpunkt ist das Kapitel Nummer sieben, denn die Zugfahrt nach New York hat für den Roman in keinerlei Hinsicht eine Bedeutung und macht das Buch für kurze Zeit langweilig. Ansonsten war das Buch wirklich eine Bereicherung für mein Leben, denn es hat gezeigt, dass man, aus schriftstellerischer Sicht, mit kurzen Sätzen große Effekte erzielen kann, wenn man es richtig macht, und es animiert in dieser Weise auch, etwas selbst zu schreiben. Auch die Lebensweisheiten, die immer wieder im Buch versteckt sind, können einem ein Lächeln ins Gesicht zaubern.